Trucs de Style
pour filles branchées

Leanne Warrick

Trucs de
Style

pour filles branchées

ton guide unique pour

dénicher le look parfait

 **Broquet**

97-B, Montée des Bouleaux
Saint-Constant, Qc, J5A 1A9
Tél.: (450) 638-3338 Fax: (450) 638-4338
Web: www.broquet.qc.ca / Courriel: info@broquet.qc.ca

Catalogage avant publication de Bibliothèque et Archives Canada

Warrick, Leanne

Trucs de style pour filles branchées

Traduction de: Style trix for cool chix.

Comprend un index.

Pour les jeunes de 10 ans et plus.

ISBN 2-89000-744-8

1. Adolescentes - Vêtements. 2. Mode. I. Titre.

TT562.W3714 2005   j646'.3'08352   C2005-942087-1

Pour l'aide à la réalisation de son programme éditorial, l'éditeur remercie :
le gouvernement du Canada pgr l'entremise du Programme d'aide au Développement de
l'industrie de l'Édition (PADIE) ; La Société de Développement des Entreprises Culturelles
(SODEC); L'association pour l'Exportation du Livre Canadien (AELC).
Le gouvernement du Québec - Programme de crédit d'impôt pour l'édition de livres -Gestion
SODEC.

Pour l'éditon en langue française :

Traduit et adapté par Anne-Marie Courtemanche
Révision : Denis Poulet, Marcel Broquet

Remerciements spéciaux aux filles branchées du groupe de consultation auprès d'adolescentes
de Watson-Guptill pour leurs idées, leurs commentaires et leur enthousiasme.

Imprimé en Chine

ISBN: 2-89000-744-8

Table des matières

Prête

Ce n'est pas un secret...
Bien des filles adorent les fringues. Et pourquoi pas?
Qui ne veut pas être à son meilleur? Nous savons toutes qu'il ne faut pas se fier aux apparences, mais quand on a un look super, on se sent bien, et lorsqu'on se sent bien, on est confiante et on peut tout réaliser!

Savoir quelles bottes vont le mieux avec ta mini-jupe ou quelle ceinture s'agence le mieux avec tes jeans préférés n'est pas sorcier, mais cela nécessite certaines connaissances de mode. Et même si tu te considères comme une adepte de la mode et des tendances, il t'arrive sûrement, certains jours, de décider que tu détestes tes fringues et que tu n'as rien à porter. Voici ta nouvelle trousse d'urgence mode!

pour une métamorphose de style ?

Trucs de style pour filles branchées t'aidera à t'organiser, à être créative et à voir ta garde-robe d'un tout nouvel œil. Tu apprendras quels vêtements conviennent le mieux à ta morphologie, les cinq articles de ta garde-robe dont tu ne peux te passer et comment créer un ensemble à couper le souffle en quelques instants. Tu obtiendras des conseils pour faire ton shopping comme une pro, pour organiser tes affaires et pour choisir les bonnes couleurs. Et parce que la mode aujourd'hui consiste à avoir tous les trucs cools que les autres n'ont pas, tu y trouveras aussi 12 projets pour créer et revamper des vêtements et accessoires uniques.

Grâce aux conseils de ce livre, te faire belle le matin te prendra beaucoup moins de temps qu'envoyer un message instantané à ta meilleure amie, et tu quitteras la maison avec un look beaucoup plus impressionnant que celui de Paris Hilton et de Sarah Jessica Parker.

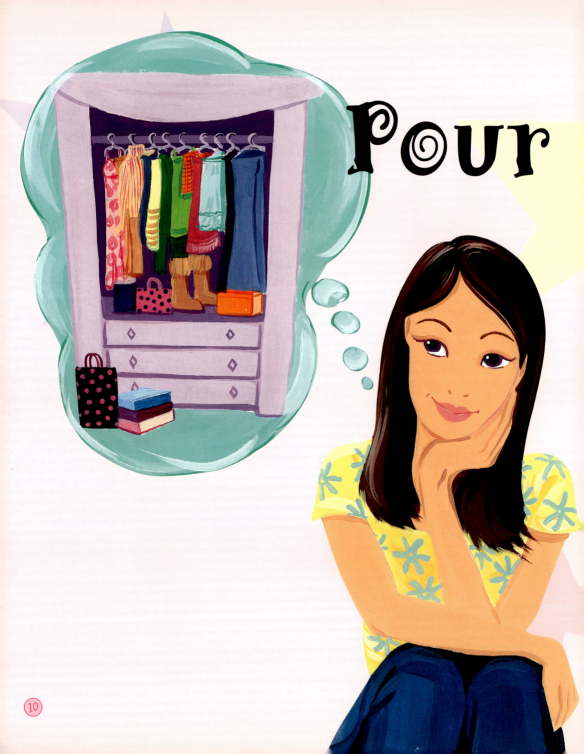

Pour

y voir clair

La première étape pour réorganiser ton style est de déterminer ce dont tu disposes. **Ta** penderie est une zone sinistrée et la plupart de tes trucs sont empilés sur le plancher ? **Si** c'est le cas, comment veux-tu savoir ce dont tu disposes ? **Tu** dois être en mesure d'y prendre tout ce dont tu as besoin et voir si ton débardeur pastel va avec ton t-shirt bleu poudre préféré ou si c'est plutôt ta veste violette qui se marie le mieux. **Si** tu as renoncé depuis longtemps à trouver deux chaussures identiques en moins de 15 minutes, il est temps de faire le grand ménage de ta penderie. Comment y arriver ? **Tourne** le page et laisse-toi guider.

Quel est le Qi de ta penderie?

Lorsqu'il est question de style, es-tu organisée au point d'être obsédée? Ou y a-t-il des articles rangés dans ta penderie qui n'ont pas vu la lumière du jour depuis des années? Pose ton diagnostic style grâce à ce quiz facile.

1. Comment décrirais-tu ta penderie?

A) C'est un cauchemar. Je ne peux voir ce qui se trouve au fond. J'ai des trucs empilés sur le plancher et j'ai de la difficulté à départager les vêtements propres des sales!

B) Relativement organisée. De temps à autre, je me débarrasse de vêtements que je ne porterai plus et je range mes vêtements par section (pantalons, jupes et chandails) afin de les trouver plus facilement.

C) Pas si mal, mais il y a du travail à faire. Ce n'est pas tout à fait un grand bordel, mais elle n'est pas tout à fait organisée non plus.

2. Prépares-tu tes ensembles la veille?

A) Oui. J'accorde beaucoup d'importance à mon apparence et je prépare toujours la veille ce que je porterai le lendemain.

B) Ça ne va pas la tête? Je porte normalement ce que je trouve de propre et qui n'est pas troué!

C) J'y réfléchis un peu mais je ne prépare rien à l'avance. Je fais plus ou moins une rotation des mêmes ensembles d'une semaine à l'autre.

3. Que penses-tu du shopping?

A) C'est une de mes activités favorites! Mais même si j'achète plein de trucs, je n'ai toujours rien à porter.

B) Je magasine uniquement lorsque j'ai besoin de quelque chose ou pour remplacer ce qui est usé.

C) J'aime faire du shopping, mais je me sens facilement dépassée et j'ai de la difficulté à trouver ce dont j'ai réellement besoin.

4. Sais-tu précisément ce qui se trouve dans ta penderie?

A) Non. Je porte uniquement ce que je trouve rapidement. Comment me rappeler ce qui se trouve tout au fond?

B) Plus ou moins. Elle compte beaucoup de vêtements que je ne porte jamais.

C) Oui. Je sais précisément ce que j'ai et où mes choses se trouvent.

5. Où ranges-tu tes chaussures?

A) Sur des supports. Je les garde en bon état et m'assure qu'elles sont toujours propres.

B) En rangée sur le plancher de ma chambre. Elles sont parfois dans le chemin, mais au moins je ne les perds pas!

C) En pile au fond de ma penderie, sous mon lit ou sur le plancher. La moitié d'entre elles sont vieilles, mais je n'ai jamais le temps de m'asseoir et de me débarrasser des plus usées.

6. Aimes-tu les accessoires?

A) Quels accessoires? C'est la dernière chose à laquelle je pense lorsque je me dépêche à me préparer!

B) Plus ou moins. J'ai quelques colliers, mais je les range à différents endroits et je ne me rappelle jamais où ils sont quand j'en ai besoin.

C) Oui! Je garde mes ceintures et mes fichus ensembles dans un panier sur mon bureau, mais ils se mélangent parfois.

Ton pointage

1. A) 1 B) 3 C) 2
2. A) 3 B) 1 C) 2
3. A) 1 B) 3 C) 2
4. A) 1 B) 2 C) 3
5. A) 3 B) 2 C) 1
6. A) 1 B) 2 C) 3

6 à 10 points

Tu as besoin d'aide! Il semble que ton image soit complètement sabotée par le désordre de ta penderie. Tu as en toi une déesse de la mode qui ne souhaite que sortir, alors tourne immédiatement la page pour savoir comment la libérer.

11 à 14 points

Tu détiens quelques indices mais tu n'en sais pas suffisamment pour compléter le puzzle. Remonte tes manches et prépare-toi à métamorphoser ta penderie.

15 à 18 points

Tu n'as rien à apprendre. Personne n'a besoin de te faire valoir les avantages d'une bonne organisation! Mais même si tu en sais beaucoup, tu peux avoir besoin de quelques conseils judicieux. Tourne la page, tu trouveras des conseils pour donner à ta penderie un tout nouveau look!

C'est vieux, c'est « out »

Il est facile de s'attacher à nos vêtements; se débarrasser de nos vieilles fringues confortables est parfois comme dire au revoir à de vieux copains. Et que dire de ces articles dans ta penderie dont l'étiquette de prix n'a pas encore été enlevée? Par exemple, cette jupe orange au motif de camouflage qui semblait si cool en boutique mais si ridicule une fois à la maison? Tu peux continuer à te dire que tu porteras ces vêtements un jour, mais si tu souhaites vraiment avoir une penderie débordant de fringues que tu aimes sincèrement, tu verras que d'avoir le courage de dire « bye bye » vaut le coup.

Liste de vérification pour penderie

Commence par vider entièrement la penderie de son contenu en une immense pile sur ton lit. Tu auras également besoin de trois grandes boîtes que tu étiquetteras «à garder», «à réparer» et «à donner». La règle numéro un de toute métamorphose complète de penderie est bien simple : si tu n'as pas porté ce vêtement ou cet accessoire au cours de la dernière année, l'heure des adieux est arrivée. Prends le temps de bien évaluer chaque objet et passe en revue tous les éléments de cette liste de vérification :

1. Prends un article dans la pile. Poses-toi la question : «L'ai-je porté au cours de la dernière année?» Si la réponse est non, place-le dans la boîte «à donner». Si la réponse est oui, passe à la question suivante.

2. Est-ce qu'il te va bien et te donne le look que tu veux? Une ou un ami honnête te serait d'une grande utilité à ce moment-ci. Essaie de ne pas te sentir offensée. Tu dois accepter la critique si elle est constructive puisque tu souhaites savoir ce qui te va *vraiment* bien. Si l'article ne te procure pas un look du tonnerre, place-le dans la boîte «à donner».

3. Si l'article a besoin d'être réparé ou nettoyé, place-le dans la boîte «à réparer». Fais-toi la promesse de t'occuper de cette boîte rapidement.

4. Si l'article est prêt à porter, hop dans la boîte «à garder»!

5. Les articles que tu n'as pas récemment portés ou qui ne te vont plus doivent se retrouver dans la boîte «à donner».

Party «trouvaille ou poubelle»

Qu'adviendra-t-il des vêtements qui se retrouvent dans la boîte «à donner»? À toi de décider. Tu peux les donner à un organisme de charité ou faire un party «trouvaille ou poubelle» avec tes amies. Pour que l'événement soit réussi, toutes les participantes doivent apporter les vêtements qu'elles ne portent plus. Puis vous faites des échanges. Mais attention! L'objectif d'un tel événement est de te débarrasser de tes surplus de vêtements et non pas de te retrouver avec plus de vêtements qu'avant ton grand ménage. Réfléchis donc bien avant d'accepter les vêtements des autres. Limite ta cueillette à deux ou trois morceaux, juste pour le plaisir. Une fois les échanges terminés, apporte ce qui reste à un refuge pour sans-abri ou à un organisme de charité. De cette façon, ton grand ménage de penderie ne sera pas bénéfique qu'à toi !

Alors, qu'est-ce qu'il te reste?

Sors le contenu de ta boîte «à garder» et fais des piles par type de vêtements : jupes, hauts, pantalons, etc. Ce faisant, tu découvriras peut-être que tu as beaucoup d'articles du même type qui se ressemblent. Par exemple, tu découvriras peut-être — il était temps! — que tu possèdes quatre kangourous noirs presque identiques. Alors que faire? Garde les deux que tu préfères, donne les autres à un organisme et fais-toi une petite note mentale : «Plus de kangourous noirs!»

Tu risques également de trouver des articles que tu ne te souvenais plus d'avoir. Le seul fait de tout voir en un coup d'œil est une bonne occasion pour trouver des nouvelles façons de porter tes vêtements. Prends un petit calepin et note les idées d'ensembles que tu découvres. Si tu trouves des vêtements que tu aimes mais qui ne vont avec rien de ce que tu possèdes, note ce dont tu as besoin. Lors de ton prochain shopping, tu pourras te concentrer sur ces morceaux et ainsi compléter ta garde-robe.

Vérification de style hebdomadaire

Maintenant que ta penderie est complètement transformée et en forme, promets-toi de maintenir cet ordre! Une fois par semaine, lorsque tu ranges tes vêtements propres, prends quelques minutes pour t'assurer que tout est bien à sa place. Est-ce qu'un t-shirt blanc s'est faufilé dans ton tiroir de sous-vêtements ou est-ce que ta section de chandails est en voie de se transformer en fouillis difforme? C'est maintenant le temps d'agir! Il est préférable de garder les choses en ordre que de devoir recommencer à zéro!

Bien suspendus!

Une fois identifiés tous les vêtements que tu adores porter, il est
temps de les ranger afin de pouvoir
créer en un clin d'œil l'ensemble
parfait, peu importe l'occasion. Choisir
des vêtements est tellement plus facile
lorsque tu trouves tous tes vêtements!
Assure-toi aussi que tes vêtements sont
toujours propres et repassés avant de
les ranger.

Robes

Si tu as l'espace nécessaire, suspends
tes robes dans ta penderie. Veille également à ce que les ourlets ne s'accro-
chent pas dans des objets déposés au
fond de la penderie lorsque tu y foui-
nes. Sépare maintenant les robes en
différents groupes : robes-soleil,
robes habillées et robes de tous les
jours. Suspend-les sans les écraser
les unes contre les autres, et elles
resteront belles et exemptes de
plis.

Jupes

Pour éviter les mauvais plis,
place tes jupes sur des supports (au lieu de les ranger
dans des tiroirs); ainsi elles
seront placées de façon à ce
que tu puisses bien les voir.
Regroupe-les par type,

comme tu as fait avec les robes, pour avoir toutes tes options au bout des doigts.

Chemises et hauts

Suspend tous tes hauts ensemble, par type (à l'exception des t-shirts et des autres hauts décontractés qui peuvent être rangés dans tes tiroirs). Regroupe-les selon que tu les portes à l'école, les week-ends, pour des occasions spé-ciales, etc.

Pantalons et jeans

Les pantalons de tous les jours tels les jeans, les velours côtelés, les kakis et les pantalons cargo devraient être bien pliés et empilés sur une tablette ou dans un grand tiroir. Place les pantalons qui se froissent facilement sur des supports. Il est important d'utiliser le bon type de supports. Ceux qui sont en métal ont tendance à laisser des plis disgracieux. Utilise plutôt des supports en bois qui garderont tes pantalons bien droits et prêts à porter.

T-shirts et vêtements de tous les jours

Les chandails confo, les t-shirts et les kangourous n'ont pas besoin d'être suspendus, mais il n'est pas non plus néces-saire de les ranger en petites boules au fond de ta penderie. Les articles de base comme ceux-ci devraient être pliés, empilés et regroupés par couleur dans des tiroirs, ceux que tu portes le plus sur le dessus.

Accessoires

Les colliers, les écharpes, les ceintures et les chapeaux devraient être suspendus à des crochets installés à l'intérieur de la porte de ta penderie. Si tu as beaucoup de trucs, il est préférable de les diviser par catégories — de base, funky et habillé — pour que chaque type soit à un endroit différent. Range les bijoux tels les boucles d'oreilles et les bracelets dans de petites boîtes ou de petits paniers sur ta commode.

Chaussures

À partir de maintenant, conserve toujours la boîte lorsque tu achètes de nouvelles chaussures. Garder les chaussures dans leur boîte est le meilleur moyen de les garder propres et exemptes de poussière. Si tu possèdes un appareil photo instantané ou numérique, prends une photo de chaque paire de chaussures et colle-la sur la boîte pour facilement savoir ce qui se trouve à l'intérieur. Si tu n'as pas d'appareil photo, utilise un marqueur pour inscrire une description sur chaque boîte. Si tu n'as pas de place dans ta penderie pour placer toutes les boîtes, achète un support à chaussures qui s'installe au-dessus de la tringle de la penderie — chaque paire de chaussures pourra être insérée dans un compartiment différent. D'une façon ou d'une autre, tu verras en un coup d'oeil où se trouvent tes sandales rouges ou tes espadrilles bleues, et tu n'auras plus à perdre de temps à chercher des chaussures manquantes.

Fabrique des sachets parfumés

En guise de touche finale, empêche ta penderie de sentir le moisi en fabriquant des sachets parfumés maison. Découpe tout simplement un cercle dans un morceau de tissu et places-y une poignée de lavande séchée ou de fleurs séchées (que tu trouveras dans les boutiques d'artisanat ou de produits pour le bain) au centre. Referme ton petit sachet avec un ruban. Ta penderie aura toujours une odeur agréable si tu en suspends quelques-uns parmi tes vêtements.

Les secrets d'un

Les filles sont de silhouettes et de tailles différentes. Penses-y : tes amies ont-elles un corps identique au tien ? Un des plus importants secrets de style est de savoir quels types de vêtements conviennent le mieux à ta silhouette. Une jupe adorable sur ta meilleure amie n'aura pas nécessairement le même effet sur toi. C'est pourquoi il est important de savoir ce qui te va pour que tu puisses commencer à élaborer une collection d'ensembles qui te vont à ravir et qui ne sont pas craquants que dans les magazines.

ajustement
parfait

27

Quelle est ta silhouette?

Voici cinq descriptions générales qui conviennent aux formes des corps de la plupart des filles. Nous avons toutes un petit quelque chose qui rend notre silhouette légèrement différente, mais ces grandes catégories t'aideront à déterminer quels types de vêtements t'iront le mieux. Lis les descriptions et coche chaque énoncé qui s'applique à toi. Lorsque tu auras terminé, vérifie quelle description comporte le plus de crochets: c'est ton type morphologique de base. Si deux descriptions ont le même nombre de crochets, utilise les deux pour guider tes choix de style. Tourne ensuite la page pour découvrir comment tirer le meilleur parti de ce que tu as!

Pomme

- [ ] Ton point le plus large est au centre de ton corps.
- [ ] Tes épaules sont étroites.
- [ ] Tes seins sont plus gros que la moyenne.
- [ ] Ton thorax est plus large que tes épaules.
- [ ] Tes fesses sont petites ou plates.

Courbée

- [ ] Tu as un large buste.
- [ ] Ta taille est bien définie.
- [ ] Tes hanches sont arrondies.
- [ ] Tes fesses ont une forme définie.
- [ ] Tes jambes sont courbes.

Triangle

- [x] Tes épaules sont larges.
- [x] Ton buste est courbé.
- [x] Tes hanches sont fines.
- [x] Tes fesses sont petites.
- [ ] Tu as de longues jambes.

Perche

- [ ] Tu es mince et ton corps est plus ou moins de la même largeur de haut en bas.
- [ ] Ton buste est petit.
- [ ] Tes hanches sont étroites.
- [ ] Tes fesses sont petites.
- [x] Tes jambes sont longues et minces.

Poire

- [ ] Tes épaules sont étroites.
- [ ] Ton corps décrit une courbe intérieure au niveau de la taille.
- [ ] Tes hanches sont pleines.
- [ ] Tes jambes sont courtes.
- [ ] Tes fesses sont rondes.

Courbée

À faire et À NE PAS faire

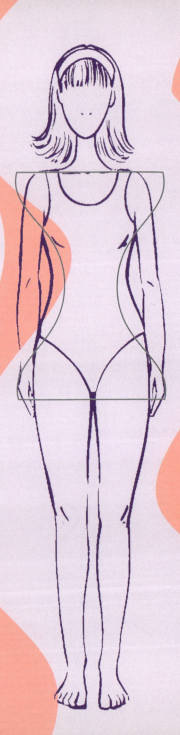

• Ne tente pas de cacher tes courbes avec des couches de vêtements amples. Tu auras l'air sans formes — pas un look très attrayant !

• Choisis des vêtements ajustés qui mettent en valeur ta belle silhouette en forme de sablier. Des jupes et des blousons ajustés auront sur toi un aspect du tonnerre.

• Ne porte pas de jupes ou de pantalons à motifs. Choisis plutôt des tissus unis pour les hauts.

• Fais-toi une réserve de chandails avec col en V. Ils conviennent si bien à ta silhouette.

• Ne porte pas de pantalons qui s'amincissent au bas. Ils ne conviennent pas à ta silhouette.

• Recherche plutôt des pantalons et des jeans qui sont ajustés au niveau des hanches et dont les jambes sont larges.

Perche

À faire et
À NE PAS faire

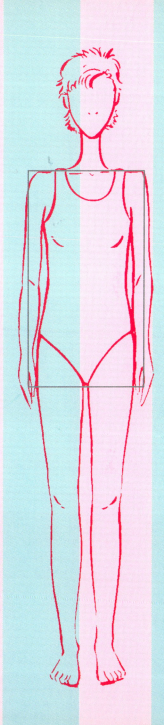

- Ne t'allonge pas plus que tu l'es déjà en portant un manteau pleine longueur.

- Tu peux porter un blouson de style aviateur pour être à l'aise et, plus important, te créer une taille.

- Ne porte pas toujours des hauts unis.

- Ajoute des formes à la moitié supérieure de ton corps avec des rayures horizontales.

- N'oublie pas de tirer le meilleur parti de ta silhouette de manne-quin! Tu ne le sais peut-être pas, mais tes amies t'envient.

- Trouve-toi des jeans ajustés. C'est sur ta silhouette qu'ils seront les plus beaux!

Triangle
À faire et À NE PAS faire

• Ne choisis pas des hauts courts qui laissent apparaître le ventre et qui donneront l'impression que la moitié supérieure de ton corps est plus large qu'en réalité.

• Choisis des chandails plus longs pour allonger et amincir la moitié supérieure de ton corps. Choisis des hauts de style tunique ou dégageant les épaules pour adoucir ta silhouette.

• Ne porte pas de grosses ceintures massives. Elles donneront l'impression que tes épaules sont plus larges.

• Choisis des chandails et des pantalons à motifs pour attirer le regard vers le bas et équilibrer ta silhouette.

• Ne porte pas de robes au col haut qui te donneraient une apparence vieux jeu.

• Adopte les robes tube qui enrobent. Elles sont jolies avec des talons hauts ou des tongs, et sont parfaites pour ta silhouette.

Poire

À faire et
À NE PAS faire

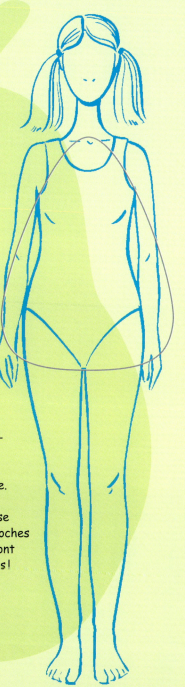

• Ne porte pas de longues jupes, elles alourdiront ta silhouette.

• Porte plutôt des jupes en forme de A. Elles aminciront tes hanches.

• Ne porte pas de blousons et de manteaux longs qui élargiront ta silhouette et te donneront une forme triangulaire.

• Choisis des blousons aux épaules larges pour équilibrer la moitié inférieure de ton corps.

• Ne porte pas des jeans taille haute.

• Porte plutôt des jeans taille basse (mais pas trop basse!) dont les poches sont de taille standard. Ils feront des merveilles pour tes fesses!

Pomme

À faire et À NE PAS faire

• Ne porte pas des vêtements de différentes couleurs sur le haut et le bas de ton corps, par exemple un chandail blanc avec des jeans bleus. Cela donnerait l'impression de couper ton corps en deux.

• Choisis des hauts et des bas de même couleur pour allonger ton corps.

• Ne cache pas tes formes sous des hauts amples.

• Recherche les hauts avec ceinture intégrée, qui te donneront une superbe silhouette.

• Ne porte pas de manteaux carrés. Ils donneraient une apparence trapue à ta silhouette.

• Porte des robes et des manteaux cintrés à la taille.

Les règles de l'arc-en-ciel

Nous avons toutes une couleur préférée, mais as-tu déjà pensé aux couleurs que tu portes et de quelle façon elles affectent ton apparence ? Tu peux utiliser la couleur à ton avantage, pour attirer l'attention ou la détourner d'une partie de ton corps, et pour égayer ton apparence. Continue à lire pour découvrir les secrets de l'arc-en-ciel.

Blanc

Ne porte du blanc que sur les portions de ton corps que tu souhaites souligner. L'éclat du blanc attirera l'œil vers cette région, il faut donc l'utiliser à ton avantage pour souligner les parties de ton corps que tu préfères !

Noir

Le noir est flatteur peu importe la couleur de la peau, et est bien connu pour ses propriétés amincissantes et adoucissantes. La prochaine fois que tu es d'humeur « je ne sais pas quoi porter », adopte un ensemble complètement noir et tu seras prête à affronter toutes les situations.

Rouge

Le rouge est superbe sur les peaux foncées et noires. Pour toutes les autres
couleurs de peau, il conviendra si tu te
sens triste, timide ou amorphe. Porte-le
avec des pantalons noirs ou avec des
jeans pour rehausser ton apparence.

Jaune

Le jaune fait partie des couleurs qui ne
sont pas faciles à porter. Évite-le si la
pigmentation de ta peau est jaunâtre,
puisque cela ferait ressortir le jaune de
ta peau. Cependant, c'est une couleur
fantastique à porter avec un beau hâle.
À retenir pour les journées ensoleillées!

Brun

Tu crois que le brun est ennuyant ? Tu as tort ! Vois-le comme une version adoucie du noir. Le brun est superbe avec le denim. Les fanas des jeans devraient avoir un bon stock de hauts et de bottes de couleur brune.

Rose

Les filles au teint pâle devraient porter des hauts d'un rose chaud lorsqu'elles se sentent pâlottes. La couleur reflétera sur leur visage pour lui procurer une touche rosée. Tu te sens plus fille que jamais ? Le rose est alors ta seule et unique couleur !

Orange

Choix résolument tropical, les teintes d'orange et de pêche sont jolies sur la plupart des filles. Si tu as les cheveux roux ou une peau très pâle, ces couleurs ne t'iront peut-être pas.

Bleu

Le bleu pâle est la couleur de prédilection des blondes aux yeux bleus, mais va aussi très bien aux brunettes. Évite le bleu marine qui convient souvent mieux aux femmes plus âgées. Adopte plutôt les teintes royale et turquoise pour ajouter un éclat de couleur à ta tenue.

Mauve

Une jolie couleur pastel comme le mauve convient à la plupart des peaux mais attention à son effet sur les pommettes rosées. Cette couleur a tendance à exagérer les rosés ; il est donc préférable de la garder pour les journées où tu te sens pâle et délavée.

Vert

Le vert est plus joli sur les filles dont la peau et les cheveux sont pâles. C'est une couleur éclatante pour les rousses puisqu'elle met en valeur leur chevelure enflammée et leur peau de pêche. Les filles aux peaux plus foncées préféreront les teintes de menthe ou d'olive.

De quoi

as-tu besoin ?

Voici venu le temps de transformer ta garde-robe! Fais de ta penderie le genre d'endroit où tu trouveras toujours un ensemble qui te fera un look d'enfer et te fera sentir rien de moins que fantastique. Tu as peut-être déjà une pléiade d'articles que tu aimes, mais si tu n'as rien avec quoi les porter, ils resteront suspendus ou pliés, et mal aimés. Tourne la page pour découvrir comment compléter ta garde-robe et libérer la déesse de la mode qui sommeille en toi!

Es-tu une victime de la mode?

La mode est-elle le moindre de tes soucis ou plutôt ta raison d'être dans la vie? Découvre si tu es une experte ou une victime de la mode grâce à ce petit quiz.

1. Dans ton groupe d'amies, où est-ce que tu te situes en ce qui concerne le style? Tu es:

A) Celle qui a le plus de style, évidemment! Tu es une réelle gourou de la mode pour toutes celles qui cherchent à obtenir conseil auprès de toi.

B) Complètement ignorante. Tu n'as aucune idée de ce qui est à la mode et personne n'oserait te demander conseil en matière de mode.

C) Dans la moyenne. Tu aimes avoir une belle apparence et faire du shopping, mais tu n'es certainement pas obsédée!

2. Tu vas au centre commercial avec ta copine. Quelles chaussures portes-tu?

A) Les premières que tu trouves, même si ce sont les espadrilles de ton frère.

B) Des sandales à courroies. Tu souffriras le martyre dans une heure mais ton look fera tourner les têtes.

C) Tes mignonnes nouvelles espadrilles.

Elles sont vraiment confortables et tu adores leur style.

3. Une fête aura bientôt lieu et tout le monde que tu connais y sera. Que penses-tu porter?

A) Tu pars dans les boutiques à la recherche d'un haut qui ira avec ta jupe préférée.

B) Aucune idée. Tu décideras ça le soir même et, ce qui est certain, c'est que ce seront des vêtements confortables!

C) Tu économises tes sous pour une robe que tu as vue dans la plus chic boutique en ville. Pas grave si tu ne la portes qu'une fois! L'événement en vaut la peine.

4. Pendant ton shopping, tu découvres une robe que tu aimes. Un seul problème... Elle ressemble beaucoup à une de tes robes. Tu l'achètes?

A) Pas question. Tu t'achètes peu de vêtements, encore moins des vêtements en double.

B) Non. C'est tentant mais tu te retiens. Tu sais qu'il est préférable d'économiser tes sous pour quelque chose dont tu as vraiment besoin.

C) Évidemment! Après tout, tu as déjà porté l'autre robe deux fois et tout le monde l'a vue!

5. Où trouves-tu tes conseils mode et ton inspiration?

A) Dans les magazines de mode. Tu bois leurs mots et appliques les styles à la lettre.

B) Tu juges un article en fonction de son confort.

C) Tu adores les magazines, mais tu aimes aussi ton individualité; tu ne les prends donc pas trop au sérieux.

Ton pointage

Calcule ton pointage afin de déterminer ton attitude mode!

1. A) 3 B) 1 C) 2
2. A) 1 B) 3 C) 2
3. A) 2 B) 1 C) 3
4. A) 1 B) 2 C) 3
5. A) 3 B) 1 C) 2

1 à 5 points

Tu n'as jamais perdu une minute de sommeil pour des questions de style. C'est le confort qui t'importe. Mais pourquoi ne pas essayer de nouveaux looks? Qui sait, tu aimes peut-être la mode après tout!

6 à 10 points

Ton approche du style est intéressante. Tu aimes le shopping et tu souhaites avoir belle apparence, mais tu ne seras jamais esclave de la mode. Tu aimes trop ton style personnel pour suivre les foules!

11 à 15 points

Tu adores les vêtements et tu ferais n'importe quoi pour pouvoir porter les plus récents styles. C'est super d'être si passionnée, mais ne crois-tu pas que tu prends les choses un peu trop au sérieux? Après tout, la mode devrait être agréable, et ce n'est qu'un intérêt parmi tant d'autres!

Les articles de base

Il existe certains articles de base que toutes les filles devraient avoir dans leur penderie. Ces articles peuvent sembler anodins et ennuyants en eux-mêmes, mais c'est grâce à ces éléments clés que tu pourras élaborer ton propre style unique.

De superbes jeans

Le denim est probablement le meilleur ami d'une fille. Les bons jeans ont un look d'enfer dans presque toutes les situations, d'une rencontre pour étudier avec un ami à une sortie au restaurant avec des copains.

CINQ FAÇONS DE LES PORTER

1. Occasion avec des amis
Des chaussures plates et un haut gypsy : c'est tout ce dont tu as besoin pour agrémenter tes jeans. Tu peux compléter le look avec tout plein de bracelets.

2. Rencontre pour étudier
Le confort est de mise : espadrilles cool et ton t-shirt préféré. Ajoutes-y un kangourou si le temps est frais. Une queue de cheval bien haute ou des nattes garderont tes cheveux éloignés de ton visage pendant que tu étudies, et te donneront un petit look espiègle !

3. Sortie shopping
La simplicité est de mise. Un débardeur noir uni ou un chandail en V et des chaussures sans talon ou des escarpins constitueront un ensemble élégant dont il est facile de sortir pour essayer de nouvelles fringues. Qui plus est, les jeans sont parfaits pour essayer des hauts et des chandails.

4. Vacances à la plage
Roule le bas de tes jeans pour créer instantanément un look « ramasseur de coques ». Un t-shirt à rayures, des tongs et un chapeau de paille compléteront le look.

5. Sortie de soir
C'est le moment de mettre tes jeans en évidence. Porte-les avec un haut de soirée (pense paillettes, perles et broderie) et des sandales à courroies ou des bottes, selon la saison. Ajoute boucles d'oreilles et ceinture tape-à-l'oeil.

Un t-shirt blanc

C'est probablement l'article le plus polyvalent de ta garde-robe! Si possible, développe une collection de t-shirts blancs avec cols et longueurs de manches différents. Garde-les bien propres et blancs, mais n'hésite pas à les remplacer lorsqu'ils commencent à devenir jaunes.

CINQ FAÇONS DE LE PORTER

1. Pour voyager
Choisis des pantalons décontractés confortables lorsque tu es assise et ajoute un vénéré t-shirt blanc. Un cardigan en tricot est un bon moyen de se protéger du froid, surtout en avion.

2. Escapade avec maman
Agence des pantalons coupés et des sandales plates à ton t-shirt. Fais-toi des lulus pour créer un style super décontracté qui te permettra de garder tes cheveux hors du chemin.

3. Garden-party
Tu as une jupe fleurie? Tu as donc besoin d'un t-shirt blanc! Les motifs chargés devraient toujours être agencés à des articles unis; voici donc une paire parfaite. Enfile des sandales blanches et tu es prête à faire la fête.

4. Randonnée estivale
Les shorts de coton sont pratiques et confortables et s'harmonisent merveilleusement bien avec un t-shirt de coton. Des chaussettes blanches qui ressortent de tes bottes de marche compléteront ton look plein air.

5. Sortie en ville
Peu d'ensembles sont aussi classiques et intemporels qu'un jean et un t-shirt blanc. Des sandales à talons bas ou des tapinois à la mode te permettront d'explorer en tout confort, sans pour autant sacrifier ton style.

Un pantalon noir

Option plus habillée que les jeans, mais tout aussi confortable, le pantalon noir t'épargnera bien des dilemmes de style. Il ne se démode jamais et tu peux le transformer du tout au tout avec quelques trucs de style.

CINQ FAÇONS DE LE PORTER
....

1. Première rencontre

Un bustier tubulaire et des sandales à courroies te donneront un look super sophistiqué mais confortable et moins embarrassant qu'une robe. En plus, ce look qui révèle le cou est une belle occasion de montrer ton plus beau collier!

2. Entrevue d'emploi

Trouve un blouson noir simple et tu viens de créer un tailleur! Pour éviter que ton look soit trop sévère, porte sous le blazer un haut amusant, et complète avec des chaussures noires et simples.

3. Lunch hivernal

Se garder au chaud ne veut pas nécessairement dire se perdre sous plusieurs chandails épais. Porte un collant en laine sous ton pantalon et un t-shirt noir fuselé sous un polo ajusté, et tu préserveras ta silhouette. Des bottes à talon ajouteront une touche de sophistication.

4. Lorsque tu détestes tout dans ta penderie

Choisis un débardeur ou un t-shirt noir pour porter avec ton pantalon et ainsi obtenir un ensemble cool. Tu préfères un look plus marquant? Ajoute des chaussures ou des bracelets colorés.

5. Repas tape-à-l'œil avec les parents

Agence à ton pantalon une camisole à bretelles spaghetti et des tongs pour créer un look amusant mais sophistiqué. Ajoutes-y des bijoux en argent si tu trouves que l'ensemble est trop terne.

Un chandail au col en V

Inutile de porter de gros chandails pour se garder au chaud. Il y a mieux. Un chandail ajusté au col en V préservera ton look « bien mis » tout en te gardant au chaud. La version coton du même chandail peut être utilisée l'été, quand l'air conditionné est trop froid.

CINQ FAÇONS DE LE PORTER
....

1. Rencontre d'hiver
Complète le chandail avec un foulard, une jupe en laine et un collant assortis de couleurs brillantes. Termine avec les bottes, et te voilà prête pour une promenade romantique dans la neige.

2. Repas d'anniversaire
Ton chandail peut être agencé à une mini-jupe en denim et à des sandales à courroies. Des boucles d'oreilles pendantes et un bracelet assorti ajouteront une touche festive à la célébration!

3. Dimanche de détente
Opte pour des jeans décontractés à taille basse et des espadrilles pour créer un look aussi joli que confortable, alors que tu te détends, que ce soit devant le téléviseur ou chez grand-mère.

4. Gardiennage d'enfants
Tu as besoin de créer plusieurs looks en un. Avec un pantalon souple de couleur foncée ou de jolis jeans et des mules ou des sandales, tu auras l'air intelligente et responsable, et tu pourras jouer avec les enfants.

5. Vacances
Les soirées d'été sont plus fraîches que les journées? Enfile ton chandail sur des shorts et un t-shirt uni pour te réchauffer en tout confort, et plus joliment qu'avec un pull molletonné.

Une jupe en A

Si tu dois acheter une seule jupe, choisis une jolie jupe en A unie et de couleur foncée. Ce style flatteur est facile à porter et se prête aussi bien à toutes les saisons qu'à toutes les occasions.

CINQ FAÇONS DE LA PORTER
....

1. Promenade automnale
Un chandail épais à col roulé s'agencera très bien à une jupe comme celle-ci. N'oublie pas le collant et tes bottes préférées avant de te lancer dans les feuilles!

2. Barbecue estival
Donne à ta jupe un look romantique en l'harmonisant avec un joli haut telle une camisole rose à motifs fleuris. Des sandales pâles ou des tongs ajouteront une touche intéressante à cet ensemble.

3. Visite à la bibliothèque
Un chandail tout simple à manches longues et de jolis mocassins transformeront cette jupe en option très féminine pour les activités du quotidien.

4. Plage
Une camisole et des tongs colorés s'agenceront à ta jupe. Heureusement, cette jupe est facile à enfiler par-dessus un bikini! Ajoute un collier ou un bracelet pour cheville en coquillages pour compléter le look plage.

5. Visite dans la famille
Ajoute un chandail fleuri et des chaussures plates pour créer un ensemble mignon qui t'évitera de te faire renvoyer à ta chambre par ta mère pour trouver mieux!

Magasiner comme une pro

Maintenant que tu connais les articles essentiels qui manquent à ta garde-robe et que tu connais ta silhouette et les couleurs qui te vont le mieux, il est temps de dévaliser les boutiques! **Un** magasinage réussi dépend d'une certaine préparation préalable. Avec autant de boutiques et de choix, on se demande comment il est possible de faire un choix! Si tu n'aimes pas le shopping et que tu te retrouves toujours avec des vêtements que tu ne portes pas, il est temps de perfectionner ta stratégie de shopping.

Planifier

Détermine ce dont tu as besoin avant de partir. Rappelle-toi le chapitre 1... alors que tu faisais le ménage dans tes affaires et inscrivais des idées d'ensembles dans ton calepin ? Il est maintenant temps de consulter cette liste. Les articles qui passent leur vie dans le fond de ta penderie méritent d'en sortir de temps à autre. Réfléchis donc à ce dont tu aurais besoin pour créer des ensembles à partir de ces derniers. Peut-être même que ces articles mal aimés n'ont besoin que d'un seul des cinq vêtements clés de la section précédente.

Établir un budget

Détermine de combien tu disposes et décide avant de sortir pour envahir les boutiques à quoi te servira cet argent. Accorde une somme supplémentaire aux articles de base, comme ceux de la section précédente. Ce sont des vêtements que tu porteras très souvent, ils devraient donc être de la meilleure qualité possible. Toutefois, magasiner devrait être agréable. Garde-toi donc un peu d'argent pour les articles amusants ou les bonnes affaires que tu pourrais faire en fouinant un peu.

Shopping

Choisir la parfaite copine de shopping

Cette personne doit être honnête, sensible et, par-dessus tout, avoir du style! Si tu aimes son look, tu devrais écouter ses conseils. Assure-toi que cette personne a envie de passer du temps à trouver des trucs pour toi. En échange, tu pourras faire de même pour elle un autre jour.

Tester l'ajustement

Lorsque tu es dans la salle d'essayage, utilise ces simples tests pour t'assurer que les vêtements que tu essaies s'ajustent réellement bien à ta silhouette. Si tu essaies un pantalon, assieds-toi pour t'assurer que tu es toujours confortable. Si tu essaies un haut, lève les bras pour voir comment le tissu réagit. Marche avec les vêtements pendant quelques minutes. Tu verras comment tu te sens et l'apparence qu'ils te donnent. Écoute le point de vue de ta copine de magasinage et non pas celle de la vendeuse qui ne souhaite que te vendre le plus de vêtements possible.

Toujours essayer

Lorsque tu vois quelque chose que tu aimes, essaie-le. Les vêtements n'ont jamais la même apparence sur ton corps que sur le support. Cela peut donc avoir un effet négatif ou positif. Tu peux aussi trouver qu'un vêtement qui te semblait ordinaire sur son support est tout à fait sensationnel sur toi. N'oublie pas : dans le doute, essaie-le !

Revenir plus tard

Utilise la technique « je reviendrai plus tard ». Tu peux penser avoir trouvé le haut noir parfait. Mais toute magasineuse avertie n'achète qu'après avoir jeté un coup d'œil dans les autres boutiques. Achète toujours à la fin de ta journée de shopping, à moins qu'il ne reste qu'un article de ta taille !

L'heure de la décision

Si tu n'arrives pas à déterminer si tu aimes un article ou non, ne l'achète pas. Si un article te va à ravir et convient parfaitement à ton style, ton intuition te le laissera savoir !

agréable !

5 looks

extra pour toutes les occasions

Nous passons toutes des journées devant la penderie à détester nos vêtements et à penser que nous n'avons rien à porter. Ce n'est pas très agréable lors d'une journée normale, mais c'est atroce lorsqu'on a une rencontre ou un événement important cette journée-là. Tu as donc besoin d'un certain nombre d'ensembles infaillibles dont le succès est assuré, peu importe l'occasion. Et c'est exactement ce à quoi nous travaillerons! Grâce à nos cinq aide-mémoires mode, tu sera prêtes à affronter n'importe quel défi de style et tu en ressortiras étincelante!

La première étape consiste à déterminer ce que tu souhaites de ton ensemble. Doit-il être confortable ou peut-il être peu pratique? Souhaites-tu te mêler à la foule ou être vue parmi 100 000 personnes? Chaque jour, consulte les encadrés des pages 57 et 58 afin de déterminer comment tu te sens ce jour-là, puis passe à l'aide-mémoire correspondant pour t'en inspirer.

Sois ta propre styliste

Tu souhaites avoir un look du tonnerre tout en conservant une apparence simple et décontractée. La clé est le confort, mais tu ne souhaites pas sacrifier le style. C'est le cas? Si oui, consulte

L'AIDE-MÉMOIRE

1

Tu es d'humeur euphorique et légère, et tu souhaites un look qui corresponde à tes états d'âme. Tu souhaites te sentir libre, avec une touche d'enfant fleur... Rends-toi à

L'AIDE-MÉMOIRE

2

Tu as envie de t'amuser et souhaites donc un ensemble amusant. L'heure n'est pas aux tenues formelles — tu souhaites te sentir habillée, mais légèrement funky et très à la mode. Laisse tes doigts te guider jusqu'à

L'AIDE-MÉMOIRE

Aujourd'hui est une journée importante. Tu as quelque chose d'important à faire et souhaites être prise au sérieux. En même temps, tu souhaites dégager beaucoup de style et ne souhaites surtout pas être inconfortable. Si tu te sens de cette façon, consulte

L'AIDE-MÉMOIRE

Tu souhaites faire tourner les têtes! Que ce soit pour une première rencontre, une fête, ta remise de diplôme ou une danse, tu veux être à ton meilleur. Si tu te sens précisément comme ça, consulte

L'AIDE-MÉMOIRE

3 4 5

LE LOOK :
Décontracté et confo

Cheveux

Nattes attachées avec des élastiques pour cheveux qui s'harmonisent avec la couleur de tes cheveux. Si tu as les cheveux très épais ou bouclés, laisse les extrémités détachées pour créer un look plus doux.

Beauté

Tu recherches de l'éclat et un air de santé. Recouvre tes lèvres d'un rouge à lèvres rose et appliques-en une petite quantité sur tes pommettes.

Accessoires

Une grosse ceinture à la taille complétera ton look.

Ensemble

Pantalon ample mais ajusté et t-shirts superposés. Ajoute un kangourou à fermeture éclair en hiver.

Bien-être

Prépare-toi à ta longue journée en te faisant le matin un massage de pieds. Mélange quelques gouttes d'huile essentielle de menthe poivrée dans une lotion pour la peau non parfumée qui détendra tes pieds tout en les éveillant !

Dans les pieds

Espadrilles cools

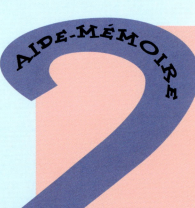

AIDE-MÉMOIRE
2
DE STYLE

LE LOOK :
Fille hippie

Cheveux
Laisse tes cheveux détachés ou attache-les avec ta plus jolie décoration pour cheveux. Une pince en forme de fleur ou de papillon ferait parfaitement l'affaire.

Beauté
Souligne tes yeux avec une ombre à paupières de couleur pâle.

Ensemble
Une jolie jupe étagée et une camisole chinée. Ajoute un châle au crochet s'il fait frisquet.

Accessoires
Des tonnes de bracelets or

Bien-être
Enduis-toi d'une lotion pour le corps parfumée pour te sentir entièrement féminine.

Dans les pieds
Des sandales ou des espadrilles plates

AIDE-MÉMOIRE DE STYLE

3

LE LOOK :
Mode funky

Cheveux
Une queue de cheval aussi haute que possible

Beauté
Un crayon pour les yeux coloré et du brillant à lèvres transparent

Ensemble
Tes plus beaux jeans et un haut de soirée attrayant. Ajoute une veste jeans lors des journées plus fraîches.

Accessoires
Un seul bracelet jonc étincelant

Bien-être
Vaporise-toi d'une fragrance énergisante avant de sortir pour aller en ville. Choisis une fragrance avec une touche d'agrumes.

Dans les pieds
Des chaussures à talons bas ou des tongs étincelants

4

LE LOOK :
Cool et sophistiqué

Cheveux
Lisses et bien droits

Beauté
Simplicité. Du mascara et un baume pour les lèvres transparent se marient très bien.

Ensemble
Un pantalon et un chandail noirs. Les journées froides, remplace le chandail par un col roulé ou avec col en V ajusté.

Accessoires
Aucun. Tout est dans la simplicité.

Bien-être
Un ensemble comme celui-ci appelle au calme et au contrôle de la situation. Tu te sens complètement éreintée ? Prends cinq respirations profondes et tu te sentiras beaucoup plus calme.

Dans les pieds
Des espadrilles, des chaussures sans talon ou des tongs noirs

AIDE-MÉMOIRE DE STYLE

LE LOOK :
Habillé et romantique

Cheveux
Rien ne fait autant penser à une occasion spéciale que des cheveux remontés. Ramène tes cheveux vers le haut comme si tu voulais faire une queue de cheval, mais enroule-les plutôt jusqu'à en faire un nœud. Utilise des épingles à cheveux pour les retenir de cette façon.

Ensemble
Une jolie robe sans manches. Pense au satin ou aux tissus perlés. Un tricot soyeux te protégera du froid lors des soirées fraîches.

Bien-être
Lorsque tu as un look aussi spécial, tu dois marcher la tête haute. Tiens tes épaules bien droites et tu dégageras autant de confiance que d'élégance.

Beauté
Décore tes yeux d'ombre à paupières gris charbon.

Accessoires
Des boucles d'oreilles et un collier étincelants qui s'harmonisent

Dans les pieds
Des sandales à courroies avec talons

Sois unique !

Nouvelle importante ! Avoir du style, ce n'est pas copier les autres. C'est savoir ce qui te va et développer un look qui t'est unique. Une des façons les plus faciles de développer ce look est de verser dans l'artisanat ! Personnaliser vêtements et accessoires, ou les fabriquer à partir de rien, te poussera à choisir les couleurs et les motifs, te garantissant que personne d'autre ne te ressemblera. C'est une bonne façon d'économiser des sous et d'être unique dans ton style.

Quel est ton style?

1. Ton samedi soir idéal consisterait à:
A) Assister à la première d'une nouvelle pièce de théâtre.
B) T'asseoir autour d'un feu de camp, guitare à la main, pour chanter avec des amis.
C) Danser pendant des heures lors d'une fête chez des amis.

2. Lorsque tu es étendue dans ton lit le soir, à quoi rêves-tu?
A) À être invitée à toutes les plus grandes fêtes et à être la fille la plus populaire de l'école.
B) À travailler avec les animaux et à passer la majeure partie de ton temps dehors.
C) À avoir ta propre boutique regorgeant de superbes objets.

3. Si tu devais te décrire comme un animal, lequel serais-tu?
A) Un superbe paon.
B) Une coccinelle porte-bonheur.
C) Un chat persan poilu.

4. Lorsque tu es stressée, comment arrives-tu à te détendre?
A) Tu allumes quelques chandelles, tu t'emmitoufles dans tes couvertures et tu lis ton livre préféré.
B) Tu invites des amies et vous vous faites plein de petits soins: masques pour le visage, massages pour les pieds, manucures...
C) Tu installes ton iPod et montes le volume!

5. Quel est ton maquillage de tous les jours?
A) Tu ne quittes jamais la maison sans fond de teint, poudre, mascara, crayon pour les yeux et rouge à lèvres.
B) Tu te maquilles rarement.
C) Tu portes du baume rose pour les lèvres et du mascara.

6. À ton anniversaire, quel type de carte reçois-tu de ta meilleure copine?
A) Une carte mignonne représentant un animal.
B) Une carte stylisée arborant une illustration de mode.
C) Une carte arc-en-ciel qu'elle a elle-même fabriquée.

Ton pointage

Additionne tes points et tu sauras quels projets te conviennent le mieux!

1. A) 2 B) 1 C) 3
2. A) 3 B) 1 C) 2

3. A) 3 B) 1 C) 2
4. A) 1 B) 2 C) 3

5. A) 3 B) 1 C) 2
6. A) 2 B) 3 C) 1

6 à 9 points

Tu es une fille hippie! Tu aimes la nature et tu es attirée par tout ce qui t'y fait penser. Ton style devrait être le reflet de ton attitude décontractée face à la vie. Consulte les projets identifiés par l'arc-en-ciel.

10 à 14 points

Tu es féminine et légère, et tu aimes le look romantique. Assure-toi que ton style est le reflet de ta personnalité. Va directement aux projets identifiés par une fleur.

15 à 18 points

Tu aimes faire la fête et être le centre d'attention. Tu adores la mode et adoptes toujours les dernières tendances. Recherche le sac à main — ces projets sont ceux qui te ressemblent le plus.

AUSSI...

Si tu souhaites aller un peu plus loin et oser, essaie des projets des autres types. Qui sait, tu te découvriras peut-être de nouveaux intérêts!

Trouver ton look

Trouver ton propre style est l'un des éléments les plus importants pour avoir un look superbe. Pour ce faire, tu dois choisir les tendances que tu aimes, puis leur ajouter ta touche personnelle. Mais attention, il n'est pas toujours facile de savoir ce que tu aimes. Avec autant de choix, il peut être difficile de déterminer ce qui te ressemble vraiment. Ne t'en fais pas. Ce projet facile et amusant est un bon moyen de le découvrir.

Fabriquer un panneau d'idées de styles

La prochaine fois que tu feuilletteras un magazine, jette un coup d'œil aux articles et looks que tu aimes, puis arrache ces pages. Ce peut être un joli sac fourre-tout dans une publicité, la façon dont ta star préférée porte ses chandails super-posés ou même une couleur que tu trouves jolie. Voici quelques éléments à remarquer :

- les couleurs qui, selon toi, t'iraient bien
- des façons de personnaliser tes vête-ments
- de nouvelles fa-çons de porter tes vieux vêtements favoris
- des idées de styles funky
- des ob-jets que tu as envie de fabriquer
- des choses à rechercher lors de ton prochain shopping
- les looks que tu aimes

Prends une chemise et déposes-y toutes les pages de magazine que tu as arrachées. Bientôt, tu auras une pile de photos qui refléteront tes goûts per-sonnels. Le même look est repris sur plusieurs pages ? C'est évidemment le style que tu préfères !

Prends un grand morceau de carton et colles-y tes photos avec du ruban adhé-sif ou de la colle. Lorsque tu as terminé, place le carton à un endroit de ta cham-bre où il sera bien visible.

Tout comme la mode, tes goûts chan-geront souvent. Tu n'auras qu'à fabri-quer un nouveau panneau de styles pour chaque saison. De cette façon, tu auras toujours une vision claire de ce que tu aimes vraiment. Amuse-toi !

Bracelets en épingles de sûreté

Ce gros bracelet plaira à ton côté artistique. Il peut être aussi brillant ou délicat que tu le souhaites, et constituer un superbe cadeau pour une bonne amie.

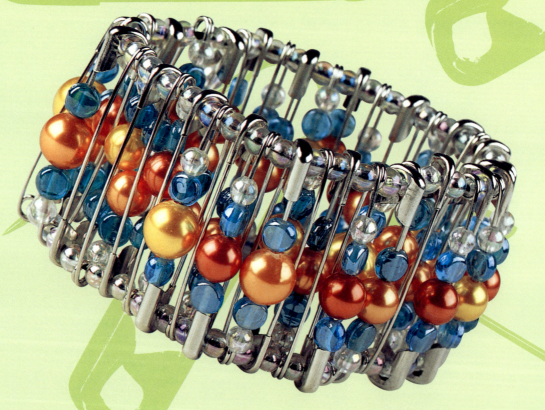

Tu auras besoin de :

- environ 30 grandes épingles de sûreté
- perles assorties
- 2 morceaux de cordon élastique mince, chacun de 25 cm (10 po) de longueur
- ciseaux

1. Décide des couleurs et des types de perles pour chaque épingle. Essaie différents modèles jusqu'à ce que tu aimes ton choix.

2. Ouvre la première épingle de sûreté et fais-y glisser autant de perles que possible. Referme l'épingle de sûreté. Répète l'opération avec les autres épingles.

3. Prends un cordon élastique et fais un nœud à une extrémité. Fais glisser une petite perle, puis fais passer le cordon élastique dans l'extrémité d'une épingle de sûreté terminée. Fais glisser une autre petite perle. Fais maintenant passer le cordon élastique par l'autre extrémité d'une épingle terminée. Continue d'enfiler l'épingle (extrémité du haut), perle, épingle (extrémité du bas), perle, jusqu'à ce que toutes les épingles soient sur le cordon.

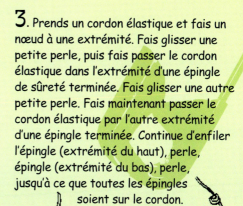

4. Prends un autre cordon élastique et répète l'étape 3 avec l'autre extrémité des épingles de sûreté.

5. Lorsque tu as terminé, attache les extrémités de chaque cordon élastique en faisant un double nœud. Enfile maintenant ton bracelet !

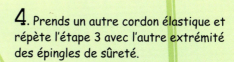

Jeans fantaisistes

Le denim est un tissus vierge parfait pour exercer ta créativité. Propose une métamorphose à un de tes vieux jeans et il redeviendra bientôt ton préféré!

Tu auras besoin de:

- crayons de couleur
- papier
- vieux jeans
- matériel de décoration, par exemple de la peinture à tissu, des paillettes autocollantes, des rubans, des crayons gel brillant et de la colle à tissu
- craie de couturier ou crayon à tissu

1. Utilise les crayons de couleur pour créer tes jeans de rêve sur une feuille de papier. Tu peux choisir de transformer tes jeans en œuvre d'art en y ajoutant des rangées de paillettes ou de rubans le long des coutures, ou en y dessinant des fleurs brillantes. Adopte un design simple afin de maximiser l'effet.

2. Utilise une craie ou un crayon à tissu pour reproduire avec soin tes motifs sur les jeans.

3. Tu dois maintenant transformer le design en réalité. Décore un côté à la fois et laisse la colle ou la peinture sécher avant de passer à l'autre côté.

4. N'oublie pas de vérifier les instructions sur le tube de colle ou de peinture avant de laver tes nouveaux jeans, si tu souhaites préserver leur look fabuleux!

73

Pochette de soirée

Ce mignon petit sac est facile à réaliser. Au point où tu peux t'en fabriquer un pour chacun de tes ensembles! À l'intérieur, il y a juste assez d'espace pour transporter du brillant à lèvres, un miroir, des clés et une carte de débit.

Tu auras besoin de:

- crayon
- règle
- coton recouvert de PVC (ce tissu est normalement utilisé pour les nappes)
- feuille de papier
- colle à tissu
- ciseaux

1. Mesure une pièce de tissu pour qu'elle soit de la même taille que la feuille de papier. Découpe-la.

2. Mesure 20 cm (8 po) de haut en bas du tissu et dessine une fine ligne au crayon. Replie le bas pour rejoindre cette ligne. Utilise tes doigts pour créer une marque le long du pli. Replie maintenant la portion supérieure pour créer un volet.

3. Déplie le tissu. Étends une ligne de colle le long des rebords intérieurs de la pochette (mais pas sur le volet supérieur). Fais une ligne de colle aussi mince et aussi proche du bord que possible.

4. Replie la portion inférieure et applique-la sur la colle. Empile des livres lourds sur la pochette et laisse la colle sécher pour la nuit.

T-shirt chiné

De style tout à fait hippie et décontracté, ce t-shirt a une saveur années 1970 que tu adoreras. Protège tes vêtements en portant un tablier ou un vieux chandail avant de commencer.

1. Avant de commencer, tu dois laver le t-shirt (même s'il est neuf) et le laisser humide. Toute saleté qui demeure sur le tissu empêchera la teinture d'adhérer correctement.

2. Pour créer un tourbillon sur le chandail, saisis un peu de tissu entre tes doigts et serre un élastique bien fort autour. (L'élastique empêche la teinture de colorer le tissu.) Répète jusqu'à ce que tu aies suffisamment de tourbillons.

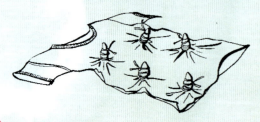

3. Enfile des gants de caoutchouc. Mélange la teinture avec l'eau, le fixatif pour teinture et le sel dans un seau. (Consulte les instructions pour connaître la quantité d'eau et de sel nécessaire.)

4. Dépose le t-shirt dans la teinture en t'assurant que tout le t-shirt est bien imprégné. Laisse-le dans le seau pendant une heure. Brasse de temps à autre pendant les 10 premières minutes.

5. Après une heure, retire les élastiques et rince le t-shirt à l'eau froide, jusqu'à ce que l'eau redevienne transparente. Les instructions de la teinture t'indiqueront comment laver le chandail afin d'éliminer le surplus de teinture.

Sacs fourre-tout à croquer

Même les objets les plus fonctionnels tels les sacs fourre-tout peuvent être funky! Ce sac est simple à réaliser et très amusant à décorer.

Tu auras besoin de:

- 1 pièce de tissu uni, 50 x 25 cm (20 x 10 po)
- fil et aiguille
- ruban de guingan
- retailles de tissu
- colle à tissu
- ciseaux

1. Plie ton tissu en deux avec les bons côtés ensemble. Aplatis au fer à repasser.

2. Utilise un point avant pour coudre les deux côtés du sac.

3. Plie le rebord supérieur pour créer un ourlet et utilise un point avant pour le fixer.

4. Fabrique les anses avec le ruban de guingan. Découpe deux morceaux de la longueur que tu souhaites. Couds les extrémités à l'intérieur du sac.

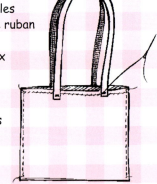

5. Retourne le sac du bon côté. Crée un design sur l'avant du sac avec des retailles de tissu. Découpe des fleurs ou des cœurs et colle-les avec de la colle à tissu. Ne n'inquiète pas du tissu qui s'effiloche, ça fait partie du look!

Camisole bain de soleil à rubans

Voici un moyen facile de donner une seconde vie à un vieux t-shirt-et d'obtenir en échange une superbe camisole gratuitement!

Tu auras besoin de:

- 1 vieux t-shirt bien ajusté
- fil et aiguille
- ruban de 2,5 cm (1 po) de largeur et d'environ 1 mètre 65 (5 ½ pi) de longueur d'une couleur contrastante
- ciseaux

1. Découpe bien les bras et le col du t-shirt, tel qu'illustré.

2. Replie environ 2,5 cm (1 po) de la portion supérieure du chandail de chaque côté et couds en place. Laisse les extrémités ouvertes.

3. Fais passer le ruban à l'intérieur des ourlets en t'assurant que les extrémités du ruban sont de longueurs égales.

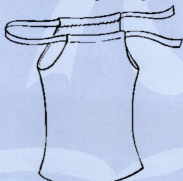

4. Enfile ta nouvelle camisole et attache les extrémités du ruban en une boucle d'un côté.

Tuque à boutons

Ces tuques funky plairont aux filles qui adorent le plein air. Elles sont super confortables et vraiment très mignonnes.

Tu auras besoin de :

- 1 tuque en laine unie
- boutons de différentes couleurs et grandeurs
- fil et aiguille
- ciseaux

1. Conçois ton motif. Tu peux coudre des boutons partout sur la tuque, sur une ligne autour du rebord ou partout où ça te chante.

2. Enfile le fil sur l'aiguille. Tire sur le fil jusqu'à ce que les deux longueurs de fil soient égales. Fais un double nœud à l'extrémité, en laissant au bout environ 2,5 cm (1 po) de longueur de fil.

3. Tiens le premier bouton à l'endroit où tu souhaites le fixer. Place l'aiguille à l'intérieur de la tuque, tout juste sous le bouton, puis traverse le tissu et un des trous du bouton. Continue de tirer sur l'aiguille jusqu'à ce que tu atteignes le bout du fil. Passe l'aiguille dans un autre trou vers l'intérieur de la tuque et tire encore jusqu'au bout du fil. Répète jusqu'à ce que le bouton soit solidement fixé.

4. Retourne la tuque à l'envers. Attache le bout du fil qui suit le nœud et le long fil en un nœud puis coupe le surplus de fil.

5. Répète les étapes 3 et 4 pour coudre tous les boutons. (N'oublie pas de faire un double nœud à l'extrémité du fil avant de coudre chaque nouveau bouton.) Plus tu en couds, plus tu deviendras rapide !

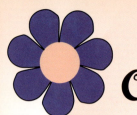

Ceinture bouclée

Cette ceinture ajoute une touche romantique et adorable au plus ordinaire des ensembles. Tu peux même te fabriquer des ceintures de différentes couleurs ou utiliser du ruban à rayures ou à fleurs.

1. Tiens le ruban autour de ta taille pour mesurer la longueur dont tu auras besoin. Ajoute 10 cm (4 po) de plus, puis coupe le ruban à cette longueur.

2. Tu devras sceller les extrémités du ruban pour l'empêcher de s'effilocher. Tourne l'extrémité coupée vers l'intérieur et fais un ourlet.

3. Crée une attache à l'aide de colle à tissu pour fixer le Velcro à la ceinture et que celle-ci s'attache sur le chevauchement.

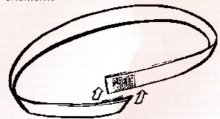

4. Fais une belle grosse boucle avec la portion de ruban qu'il te reste. Scelle les extrémités coupées comme décrit à l'étape 2. Ajoute quelques points au centre de la boucle pour l'empêcher de se défaire.

5. Fixe la boucle à la ceinture à l'aide de quelques points au centre. Elle devrait être fixée à l'extrémité de la ceinture qui se superpose sur l'autre extrémité intérieure.

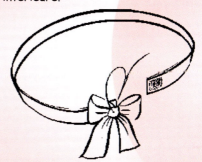

Ras-du-cou paré de bijoux

Donne-toi un style de millionnaire grâce à ce ras-du-cou de luxe. Porte-le avec une jolie robe noire à une occasion très spéciale.

1. Mesure une longueur suffisante de ruban pour faire le tour de ton cou. Ajoute 5 cm (2 po) de plus, puis coupe le ruban à cette longueur.

2. Scelle les extrémités coupées du ruban en les repliant et en les cousant avec du fil et une aiguille (tel que décrit pour le projet « Ceinture bouclée » en page 84).

3. Utilise de la colle à tissu pour fixer le Velcro aux deux extrémités du ras-du-cou. Les extrémités devraient se superposer pour s'attacher.

4. Maintenant, la partie amusante! Utilise de la colle à tissu pour fixer les bijoux au ras-du-cou. Opte pour un design diamant classique avec des bijoux transparents ou adopte les joyaux multicolores pour un look plus funky.

Orteils scintillants

De vieilles chaussures ternies ne valent pas grand-chose aux yeux d'une fille arc-en-ciel. Crée donc plutôt des chaussures étincelantes qui correspondent à ton style et qui ajouteront de l'entrain à tes pas.

Tu auras besoin de:

- crayon
- paire de chaussons de danse ou de chaussures souples en toile
- 2 paquets de petits bijoux autocollants (disponibles dans les boutiques d'artisanat)
- colle à tissu (optionnelle)
- tubes de peinture à tissu de couleurs assorties

Astuce

Il est préférable de s'exercer à faire des points sur une feuille de papier d'abord afin de bien déterminer quelle quantité extraire du tube à la fois.

1. Utilise le crayon pour marquer les endroits sur les chaussures où tu souhaites faire briller tes joyaux.

2. Une fois satisfaite du motif, applique les bijoux adhésifs sur les chaussures. (Ajoute une goutte de colle aux bijoux qui ne collent pas.)

3. Transforme chaque bijou en une petite fleur en dessinant des points de peinture tout autour. Crée des fleurs supplémentaires avec des points d'une couleur entourés de pétales d'une autre couleur.

4. Continue jusqu'à ce que les deux chaussures soient décorées. Laisse-les sécher jusqu'au lendemain, enfile-les et pars à l'aventure !

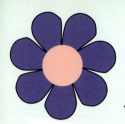

Bracelet torsadé

Ce bracelet est fabriqué à l'aide de fil métallique à mémoire déjà enroulé. Grâce à un seul rouleau de fil, tu pourras faire plusieurs bracelets!

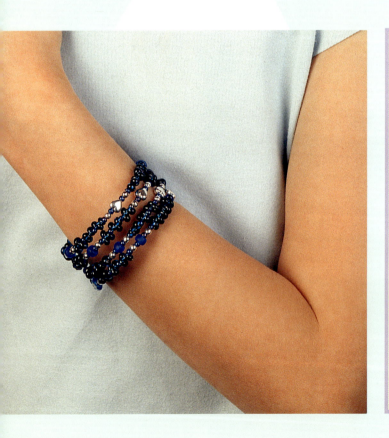

$\mathcal{A}$stuce

Si tu n'as pas de pince à bec pointu, tu peux commencer et terminer le bracelet en collant une petite perle à chaque extrémité avec une colle très forte.

1. Les pinces à bec pointu sont dotées d'un petit outil de coupe. Utilise-le pour couper la bonne longueur de fil. Nous avons utilisé trois boucles et avons laissé une longueur supplémentaire aux extrémités.

2. Utilise la pince à bec pointu pour plier une extrémité du fil en un petit anneau. Ce qui empêchera les perles de s'échapper.

3. Enfile les perles sur le fil selon le modèle de ton choix. Secoue-les pour qu'elles se collent bien les unes aux autres sur le fil. Prends aussi soin de ne pas te blesser avec l'extrémité coupée du fil.

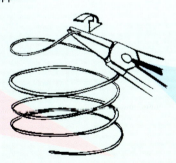

4. Cesse d'enfiler les perles lorsque tu arrives à environ 1 cm (½ po) de la fin. Termine en repliant cette extrémité avec la pince, comme à l'étape 2.

91

Cape glamour

Tu te sentiras résolument fabuleuse dans cette cape de fausse fourrure. Jette-la sur tes épaules et prends-toi pour la starlette que tu es!

Tu auras besoin de:

- tissu en fausse fourrure, d'environ 1 mètre (1 verge) de longueur et de 30 cm (1 pi) de largeur
- crayon
- gros bouton doré
- fil et aiguille
- ciseaux

1. La cape doit être suffisamment longue pour entourer tes épaules et s'attacher avec une superposition de 5 cm (2 po) à l'avant. Découpe délicatement le tissu à la bonne longueur et largeur. La fausse fourrure n'a pas besoin d'un ourlet.

2. Place la cape avec le côté fourrure vers le bas sur une surface de travail et dessine une courbe à chaque extrémité de la cape. Découpe le long des lignes.

3. Fais une boutonnière à l'avant de la cape. Pour ce faire, découpe délicatement une fente de la même longueur que le diamètre du bouton dans le coin supérieur de l'une des extrémités de la cape. Dépose la cape sur tes épaules afin de déterminer le meilleur emplacement pour le bouton, puis couds-le en t'inspirant des instructions de réalisation de la « Tuque à boutons » (page 83).

Dépanneurs de style instantanés

Tu souhaites redéfinir ton look mais tu n'as pas le temps de créer l'un de nos étonnants projets? Ne t'en fais pas. Voici des idées rapides et simples qui te permettront d'ajouter ta touche personnelle à tous tes ensembles.

Épingles de sûreté

Les grosses épingles de sûreté sont parfaites pour ajouter une touche punk à un chandail, sans devoir l'attaquer au ciseau. Utilise une épingle de sûreté sur chaque manche pour chiffonner le tissu ou rassemble du tissu à l'avant et retiens-le avec une épingle.

Rubans et dentelles

Tu peux facilement embellir tous tes ensembles avec des parements glamour. Des longueurs de ruban peuvent être portées autour du cou avec une jolie boucle pour créer un joli ras-du-cou. De larges bandes de dentelle peuvent créer des manchettes rétro pour tes poignets.

Écharpes
et cravates

Les longues écharpes en soie ou en chiffon et les cravates peuvent se transformer en ceintures tout à fait funky, en particulier si tu portes tes plus beaux jeans. Tu peux aussi nouer une écharpe autour de ta tête pour te donner un look plus hippie.

Épinglettes, broches
et bijoux

Les accessoires permettent de changer instantanément le coup d'œil d'un ensemble. Fais un raid dans la boîte à bijoux de ta mère (avec sa permission!) à la recherche de broches et de perles. Tu crois que ses bijoux font trop vieux jeu? Tout est dans la façon de les porter. Accroche une broche sur une tuque en laine ou sur une poche avant de tes jeans. De longs colliers de perles ou de billes sont parfaits pour enrouler autour de tes poignets.

Pense
autrement!

Donne à ton look un nouveau souffle sans y ajouter quoi que ce soit. Tu n'as qu'à porter différemment un de tes vêtements préférés. Par exemple, si tu portes toujours ta jupe jean avec des chaussures plates, essaie plutôt les bottes. Ou expérimente les couches... en enfilant une robe-soleil sur des jeans. N'aie pas peur de faire des expériences avec les fringues. Si le look n'est pas réussi, tu n'as qu'à te changer!

Index